این روزها

ر. رخشانی

RR

انتشارات اینترنتی کرییت‌اسپیس
کارولینای جنوبی، ایالات متحده‌ی آمریکا، وابسته به شرکت آمازون

"این روزها؛" ویراست نخست (با پیرایش و ویرایش) نویسنده: ر. رخشانی. ناشر: کرییت اسپیس. حروف‌چینی و صفحه‌آرایی: ر .رخشانی. عکس روی جلد: بوریس کوپر اشمیت. طراحی جلد: فواد فرهمند. نوبت چاپ: چاپ نخستین تابستان ۱۳۹۱.

شابک: ۹۷۸-۱-٤۷۷-٦۸۵-۲۱۱

رخشانی، ریموند
"این روزها."
گزینه‌ی سروده‌ها.
ایالات متحده‌ی آمریکا ۲۰۱۲، تابستان ۱۳۹۱

این روزها

ر. رخشانی

http://www.usc.edu/dept/ise/directory/raymond_rakhshani.htm

تقدیم به همه‌ی انسان‌های خردمند و بردباری که "این روزها" به رهیافت‌ها و به آینده می‌اندیشند

این روزها

فهرست

دیباچه

«ادبیات تندرستی‌ست. هنگامیکه ادبیات درمانگاهی[1] می‌شود، واژه‌ها دیگر دریچه‌هایی رو به سوی هیچ‌چیز نیستند و انسان نه چیزی را از طریق‌شان می‌شنود و نه چیزی را می‌بیند، بجز شامِ تیره‌ای را که تاریخ و رنگ‌ها و سروده‌های‌اش را گم کرده است. اما زمانی که ادبیات سالم است، واژه‌ها از یک سوی گیتی به دیگر سو سفر داده می‌شوند.»[2]

برای من هر کارِ هنری سفر است، اما سفری‌ست که این یا آن راه و یا مسیر بیرونی‌اش را، تنها از گذرگاهِ باریکه‌راه‌های درونیِ نقش می‌زند، و چشم‌اندازِ سفر را نگاره‌ای پروازگونه و یگانه[3] می‌بخشد. سرودن همچنین کشفِ زبانی نو، خُرد و ناآشنا در زبانی خویش و آشناست. شاید هم کشفِ فرآیندی‌ست تا بتوانم "مِهر و پندار و خیال‌ام" را از این سوی گیتی به دیگر سو سفر دهم.
مسیرهای سُرایش، نه تنها راه‌های پرپیچ‌وخمی در جستجوی "توازن و تعادل"اند؛ بلکه همچنین گذرگاه‌هایی بینابینی‌اند – بینِ واژه‌ها، بین حالات، بین چیزها و بینِ واژه-حال-چیزها.
سرودن سفر است اما گویی سفری‌ست که بهنگام تندرستیِ (ذهن و روح و روان) خطوطِ پروازی بیرونی در بیانِ راستی و

---

۱ Clinical

۲ Deleuze. Critique et Clinique. Paris: Minuit, ۱۹۹۳. Trans. “Essays, Critical and Clinical” Daniel W. Smith and Michael A. Greco. Minneapolis: University of Minnesota Press, ۱۹۹۷.

۳ Sui generis

حقیقت دارد، زمان‌هایی دیگر خطوطِ پروازی درونی تا زداینده ی اندوهی گردد.
سرودن "دیگر" شدن است، بازگشودن زبان است به نیروهای گوناگون درون و بر راه‌های پرواز به بیرون؛ دگرگون شدن است.
سرودن، خطوطِ پروازی نوین آفریدن است، بی‌قلمرو شدن است، گریختن است، گریز ساختن است، خود را نقد کردن و ارزش‌هایی کهنه را به چالش‌گرفتن است، دچار هذیان‌شدن است، ساختارهای غالب را به پرسش‌کشیدن است، کلّ دیدن و از کلی‌گرایی بری‌بودن است، به ظرایف پرداختن و از تقلیل گرایی پرهیزکردن است، جای‌پایی به‌جای‌گذاشتن است، سرخورده‌شدن است، زبانی غریب و ارزش‌هایی نوین را کشف کردن است، به توازنی یا تعادلی، هرچند گذرا و بی‌ثبات، رسیدن است، گردآوری کردن است، پیوند دهنده‌ی جریان‌ها شدن است، بی‌قرار شدن است و "شدن" است. اما بیش از هرچیز دیگری، سرودن، نگاره‌پردازی برای یکی از راه‌های پرواز (یا سفر) است و همچنین درگیرشدن است، نه تنها در مسیر یک زندگی؛ بلکه در گذرگاه‌هایی بینابینی برای گسترش حوزه‌های اِمکان است، و البته گذاری از روزمره‌گی متعارفِ **"این روزها،"** و گریز به زندگانی‌ای "دیگر" برای "شدن" است. پرسش مهم، گریز به کدامین زندگانی نیست، مادامیکه زندگی‌ای "دیگر" است. حسی "دیگر" و بینشی "دیگر" (دیدن با چشم ذهن) و نیوششی "دیگر" (شنیدن با گوش جان) و تجربه‌ای "دیگر" است.
و گویی من در گذرگاه‌های بینابینی سروده‌های این کتاب، همواره درگیر با زندگی و با "شدن"ام و به‌نحوی هم‌زمان دنیایی در درون دنیای خود می‌سازم، زبانی غریب و ارزش‌هایی نوین را کشف می‌کنم، خود را به بینش و نیوششی نوین مرتبط می‌کنم، می‌سرایم و سروده مرا می‌سراید، گویی زبانی بیگانه می‌سازم که درون زبان من سِکسِکه می‌کند، لکنت

دارد و همواره مرا به چالش می‌گیرد و در سروده‌ها خطوطِ پروازی نوین می‌آفریند. گویی من امیدوارانه در این فرآیند، در طرح‌سامانی پیچیده، خطوطِ پروازی "دیگر" در جستجوی امکاناتی "دیگر" برای تندرستی می‌آفرینم تا خود را بیان و نقد کنم، تا روابط انسانی‌ام را، مناسباتِ غالبِ قدرت جامعه‌ام را و تا ارزش‌های کهنه و سنتی "**این روزها**" را بیان و نقد کنم.

اگر تنها یکی از سروده‌های این کتاب زداینده‌ی اندوهی گردد، یا شفافیتی را در بیانِ راستی و حقیقت پدید آورد یا حتی ارزشِ نوینی را برای حفظِ تندرستی در زندگی بیآفریند، شاید آن سروده در حوزه‌های بینابینی "مهر و پندار و خیال" من، به درجه‌ی توازنی (یا میزانی) رسیده است. شاید هم سراینده‌اش، در سفرهایی بیرونی و درونی، "دیگر" شده است.

ر. رخشانی

سانتامونیکا، تابستان ۱۳۹۱

این روزها

«آن روز، آن شب»

آن شامگاه
که بادِ پست
مهتاب را چو آینه در ابرها شکست
من بودم و عطش و آن چشم‌های مست.
محو می‌شد چشمان‌ام
پس پشتِ لحظه‌های روان‌ام،
در چشمان سیاه‌ات،
زیر سپیده‌ات، نگاه‌ات،
در خارخار جان‌ام، شبستان‌ام.

آنگاه
چیدیم گلی را
از وجودت‌ات، مرموز
که در جستجوی طلیعه‌ی روز
می‌پیچید بر پرچین خوابگاه‌ام هنوز.

آن پگاه
تابید خورشید
بر لاوک‌ها،
بر تردیدها و شک‌ها،
بر چفته‌های نازک تاک،
بر کالبد سپیدت، بر آن بلور پاک،
و با خود برد گرمای‌اش
لبریزذره‌های جان‌ام را،
من و ذهن و روان‌ام را.

این روزها

"آن زمان کآرزوی دیدن جانم باشد
در نظر نقش رخ خوب تو تصویر کنم"
حافظ

«راهی عاشقانه»

راهی عاشقانه
از قلب‌ات
به آتشفشانِ وجودم می‌رفت
راهی عاشقانه
که در نَفَس‌های گم لحظه‌هایی لُخت پیمودیم
راهی عاشقانه
که تازه‌ترین تجربه‌های شکوفه‌ها را پیمود
راهی عاشقانه
که زمستانِ زندگی را
دیگربار
به بهارِ مِهر و شور پیوند می‌زد

تو می‌دانستی
من هنوز
از قتلِ پاییزِ مرطوبِ یاد آلوده بودم
می‌دانستی
که بازگشتِ من
گریزگاهِ یادی،
دفنِ خاطره‌ای
در کوچه‌های کِیف بود
من می‌دانستم
با هر تپشِ قلبِ تو
بیدارباش خاطره‌ای

هراسانام می‌کرد

با اینهمه
راهی عاشقانه
از وجودت به ژرفای روانام،
به روحام، ذهنام، جانام می‌رفت.

«در کنارم گیر»

آوای طبیعتی تو، عشقِ من،
ساحَتی جوان و جایِ‌پاییِ پیر.
ریزش بارانی تو، عشقِ من،
تندیِ برقی،
دردِ رعدی به صدای بَم و زیر.
ترجمان مَرثیه‌ای تو،
سروده‌ای،
حقیقتی خسته از زنجیر.
نطفه‌ای باشکوهی تو،
بهانه‌ی نزدیکی،
دانه‌ی گیاهی،
نخست‌هسته‌ی باغی،
بهم‌نِهِشته در ضمیر.
تولدی دوباره‌ای تو،
ذهن و رازِ این تقدیر
پنجره‌ی آسمانی تو،
سرگردانی روحی بی‌تقصیر
رقصِ ساقه‌ی علفی تو،
شکوفاییِ جانی در کالبدم، عشقِ من،
در کنارم گیر.

"من نیستم چون دیگران بازیچه‌ی بازیگران
اول به دست آرم ترا آنگه گرفتارت شوم"

«با تو بودن، در تو بودن»

می‌راند ذهن
هرآنچه نادرستی را
در هر روشی،
می‌داند،
می‌داند
با رموزِ مِهر
چراغ راستی‌اش داده‌ای.
می‌بیند خیال
حضورت را
در هر کنشی،
می‌داند،
می‌داند
با نیروی مِهر
توانایی‌اش داده‌ای.

چه موهبتی‌ست
با تو بودن
از تو بودن
در تو بودن.

این روزها

«تو همزادِ منی»

عشق من
تو نیز مانندِ منی.
من
از آنی می‌گویم
که درون من است
با واژگان‌اش که در سکوت شنیده‌ام
و تو
آنچه را درون توست، نگهبانی
و نگهبانی‌ات
مانندِ سکوتِ من است.
عشق من
تو
همزادِ منی.

این روزها

"در این صندل‌سرای آبنوسی
گهی ماتم بُود گاهی عروسی"
نظامی

«آه ای حضور پیر»

آه ای حضورِ پیر
پیچشِ کدام اندیشه
دیگربار
پرتوهای خودشکنِ آینه‌ها را
کانونی مِهرآگین خواهد ساخت؟

رازِ روشنایی را
هزارهزار ستاره
بر کهکشان می‌دانند
و هزاره‌هاست
در کاری مدام،
خونی پُر مِهر،
زجری تمام
آویزه‌ی یاد کرده‌اند.

آه ای حضور
آیا بیش از این نیز یادی هست
در سیرِ سلوکِ سلیسِ ستاره؟
بر پلکِ پریشانِ پنجره‌ی پندار؟
و در کتفِ کبودِ کتیبه‌ی آدمی
که وی آن را
ساحتِ سرود و سرورش سازد؟
که بماند و ببیند

بر آسمانِ یادها
نام و
نشانه‌های روشنایی و نور را.

آه ای حضور
شب و سکوت و خودشکنی را
دوامی نیست
زیرا که ما
دانه در زمینِ یاد کاشته‌ایم،
نام بر نشانه‌ها،
و مِهر و پندار و خیالِ خویش را
بر کهکشانی پیر
صیقل کرده‌ایم
که هزاره‌هاست
ستارگانی نو می‌زاید
و دیگر ستارگانی مرده را
غبارِ خاک می‌کند.

آری ای حضور پیر
می‌توان از مِهرِ به زایش
سراغ ستاره را گرفت
می‌توان در صدای صامتِ پندار
فصولِ بی‌هلاکیِ انسان را دید
می‌شود در گلِ احساس
شراره‌هایی شیفته‌ی شکفتن یافت
و می‌توان هنوز
در خوابِ خیال
زمزمه‌ی یادهای زمانه را شنید.

«دوست داشتم انسان را»

انسان‌هایی که دوست دارم
و چه دوست داشته‌ام انسانیت را،
چه دوست داشته‌ام انسان را.
انسان‌هایی را که در باورم سه‌گانه‌اند:
آنکه بر زندگی نفرین می‌کند،
آنکه بر زندگی شُکر می‌گزارد
و آنکه به زندگی می‌اندیشید.
دوست داشته‌ام اولی را
برای بی‌چارگی‌اش،
دومی را
برای نیکومنشی‌اش
سومی را
برای خِرَدش،
چه دوست داشته‌ام انسان را.
چه دوست داشته‌ام انسانی را که دیگران خوار پنداشته‌اند،
چه دوست داشته‌ام آنانی را که نادیده انگاشته‌اند،
چه دوست داشته‌ام انسانی را که رنج‌کشیده پنداشته‌اند،
چه دوست داشته‌ام انسان را.

این روزها

"کردم خطر و از سر کوی تو گذشتم
بسیار کند عاشق از این‌گونه خطرها"
خاقانی

«ریزها»

برای هوشیاری ظریف‌مان
برای خوشبختی
برای حدیثِ دوستی
بر ریزها می‌نویسم

گنجینه‌ای از یاد
در گزینشِ ستاره‌هاست؟
یا خوانش من
برای آیندگان؟

نمی‌دانم آیا خواهد بود
دگرگونی در نیستی؟
گوناگونی در هستی؟

نمی‌دانم کجا، کجا
نیرویی خواهد بود
سوده‌نشدنی در ریز؟
نفرسودنی در خُرد؟

این روزها

"به دو چشم تو که از جان اثری نماند ما را
ز نسیم جان‌فزای‌ات اثری فرست ما را
*
*
*
ز میان برآر دستی مگر از میانجی تو
به کران برد زمانه غم بیکران ما را"
خاقانی

«نگریستم، گریستم»

نگریستم
همزادِ روشنایی‌ام را
با چشمان دیگری،
نگریستم
پیام‌آورِ نور
آن رهروِ دیرآشنایی‌ام را
با چشمان روشنی،
که شاید دروازه‌هایی بلند را
بر من بگشاید
تا در خویش
بارور شوم از خویش،
شاید در این روزهای پس‌وپیش
روشنگری شوم
قلبِ دیگری را.

نگریستم،
بی‌امان گریستم.

این روزها

«کار عالم حیرت است و عبرت است
حیرت اندر حیرت اندر حیرت است»
عطار

«من»

من از ژرفای بهار می‌آیم
از آنجا
که آخِرین آهِ زایش
در خیال و نسیم و نوازش
جوانه می‌زند

من از درازای تابستان می‌آیم
از آنجا
که گرمای کور
مفتونِ مِهر و نور
موجی به رگ‌های شور می‌زند

من از پهنای خزان می‌آیم
از آنجا
که بادِ مست
در برگ‌ها، بر آن خاکِ پَست
رنگی به درکِ پیوَست می‌زند

من از بلندای زمستان می‌آیم
از آنجا
که سوزِ بی‌کرانِ درد
نیشی به پندارِ روزِ سرد می‌زند.

این روزها

«چون به دریا می‌توانی راه یافت
سوی یک شبنم چرا باید شتافت»
عطار

«مرگ‌های خُرد»

در سال‌های خیس
ریزشِ لب‌ها و اَشک‌ها و عَرَق بود
در شام‌های شور
خیسیِ سینه و ساق‌ها و ران.

نَمَک‌گیرِ کُدام مِهر بود
آن شورِ سترگ؟
دریدگیِ کُدام مادِگی
در شَهوَتِ گرگ؟
التهابِ کدام راز بود
میزبانِ انفجار؟
نَوازشِ کدام دَست‌های پگاه
دَرِ سَرمایِ انزجار؟
تَنِ کُدامین پَنجره
مَزارِ شیشه‌ای نگاه‌های شکننده‌ی انتظار شد
پیش از آن اتفاقِ هَمیشه دیر؟
و کُدام نشانه‌ی صادق
چندشِ لمس بود
پس از مَرگ‌های خُرد؟

آری، قرن‌هاست
درد
اِنسان می‌کِشَد
می‌کُشَد.

این روزها

«معمای آدمی»

چه رازی‌ست بینِ آدم‌ها،
بینِ این سایه‌ها
که گم می‌شوند در خاموشیِ چراغ‌ها.

با اِنکاری در خیال‌گونه‌گی،
یا در بی‌خبری
می‌افزایند گزینه‌ای را
به گزینه‌های موجودشان
با بریده، بریده‌های کاغذ
چونان چیزی شبیه جنون
از کلافِه‌گی.

سپس
فریاد می‌زنند
از ظریف‌ترینِ شاخه‌ها
حدیثِ ریشه‌های رو به اوج را
برای زیستن،
یا برای بیداری
(جانشینِ انبوهِ خواب‌های بی‌هوده،)
یا حتی برای خنده‌ای
در شِکافِ ثانیه‌ها!

"اگرچه هیچ غم بی‌دردسر نیست
غمی از چشم‌درراهی بتر نیست"

«انتظار»

در انتظارم،
در انتظار بارش بی‌انتهای مِهر
بری ز اِلتهاب،
فسون، فسانه و سِحر

در انتظارِ کُحلی پهنای آسمان
ورای قرمزی،
فرای پس‌زمینه‌ی آوای کهکشان

در انتظارِ رنگ
وقتی خیال
ژرفای یاد را آشکار می‌کند
در انتظار حادثه
وقتی حواس کار می‌کند
در انتظارِ بهارِ بخت‌ها
وقتی وجودِ من
در جستجوی تو
هوای گلزار می‌کند

در انتظارِ عطرِ گیسوان،
در انتظارِ نام تو،
سرمستی‌ام
در بازوان و کامِ تو

در انتظار تابستان،
بارشِ پاییزِ سرد،
در انتظار برفِ زمستان،
شکوهِ بهار،
پایان درد

در انتظار آوازهای گرم و شاد،
شامگاهِ ظلم و ستم،
سحرگاهِ عدل و داد

در انتظار عشق،
مستی، بوسیدن،
خنده‌های تو،
دست‌دردست پوییدن

در انتظارم،
در انتظارِ آن لحظه‌های شور،
دل‌شادی،
فضازمان احترام،
آن لحظه‌های آزادی.

«بی‌قراری عمر»[٤]

در دردِ رفتارهای کم‌رنگ و تصویرهای پر رنگ

گفتم ببین:
«سالهاست بی‌قرارم.
تلخی این سرما
بیدار نخواهد کرد
آرامشِ گرمِ مِهرم را.»
«این که می‌خروشد،
آن که می‌تَپَد
قرن‌هاست
در من است.»
گفتم:
«گیرم ز یاد بردم
رفتارهای کم‌رنگ را
سیاهی سیلِ عادات را چه کنم؟»
گفتم:
«گیرم ز یاد بردم
شفافیتِ فریاد را
لحظه‌های ماتِ سکوت را چه کنم؟»
گفتم:
«گیرم که پر شوم از تصویرهای رَنگ
زمزمه‌های ناتمامِ بی‌رَنگ را چه کنم؟»
گفتم:
«بگو نَبارد،

---

٤ با الهام از شعر زیبای «دیروز کوچک کم‌رنگ » از مجموعه‌ی شعر «هشتمین گناه »
علی نادری، انتشارات نیلوفر، ١٣٨٠

غرق می‌شوم در سیلابِ اشک.»

گفتم:

«نَگرد در دوردست‌های گم،

ای یار!

جز در حالِ من نمی‌یابی.»

گفتم:

«هیچ غَریقی جز من

چنین در انتظار نبوده است

اینچنین بی‌قرار،

دلتنگ از روزگار نبوده است.»

«مهربانی‌ات محو می‌شود»

سَرانجام خواهم رسید
زان پیشتر که به لرزش تبَه شوم.

تَپِش قلب‌ام
ضَرباهنگِ منظمِ جست‌وجوی بی‌حاصلِ یادِ تو بود
و جَزایر و اقیانوس‌ها
وَصلت می‌کردند
تا بازت یابند.

شاید برای تو
گسَست آسان بود
که می‌پنداشتی از پسِ آن روزها
روزی هست
که شادمانه از خیزاب‌ها بگذری
تا بر ساحلِ مِهر بنشینی.

آنجا که تویی
طوفان‌هایی نامعمول می‌وَزَد
و مهربانی‌ات،
سَنجاق‌شده به آشیانه‌ی بادها،
در نقطه‌ای بی‌نهایت کوچك
محو می‌شود.
من نیز،
همچنان، هنوز
خود را می‌خوانم
روی سَطرها،
در شعر و در واژگان جادو

و مَعانی می‌پیچند در هوا
با گذَرِ لحظات.

"تاروپود هستی‌ام بر باد رفت اما نرفت
عاشقی‌ها از دل‌ام، دیوانگی‌ها از سرم"
رهی معیری

«چیست این دلمردگی؟»

چیست این دلمردگی
در ساحتِ افسونِ اعجازی
چنین پر درد؟
راوی کابوسِ دوری،
درد،
کِی می‌رویم
از ساحتِ نومیدِ آشوبی
چنین دلسرد؟
کِی می‌رهیم
از بهتِ فصلی گمشده
در حلقه‌های مبهمِ این بند؟

" هرگز از کاشانه‌ی کرکس همایی برنخاست"
خاقانی

«این روزها»

آبان‌ماه ۱۳۹۰

روزهای غریبی‌ست
روزهای حدیث و حکایت
روزهای فحش و جنایت
روزهای بی‌وفایی و خیانت
روزهای زشتی‌ها، چپاول و غارت
روزهای رفتارهای پلید، حرص بی‌نهایت،
روزهای سرسپردگی بی‌پرسش
تمکین و سکوت و کرنش،
روزهای کیش شخصیت
برای زورگیرهای بی‌دِرایت
روزهای "ولایت"
روزهای نِکبت
بدگویی‌ها، خشم‌ها و رشک‌ها، حِسادت
تقلیل‌گرایی‌ها، تعمیم‌های بی‌نهایت
روزهای خودکامگی و شرارت
روزهای زورگویی به ضعیف، خشونت
کوته‌نظری‌ها، بینش‌های کوتاه‌مدت
روزهای "مرد و زن‌باره‌گی‌ها،" شهوت
روزهای حرص و "شهرت،" آزِ پول و "قدرت،"
روزهای غریبی‌ست
روزهای کژاندیشی، کژمنشی‌هاست
روزهای ترس از جهان، وحشت
روزهای دشواری‌ها و کثافت.

«با دردهای‌مان
تهمت به جاودانگی عشق می‌زدیم
با عشق‌های‌مان
بهتان به درد
بیگانگی رسالت ما بود»
نصرت رحمانی

«چراغ عشق»

موجِ غم
برای کُشتنِ چراغِ عشق آمده بود
و من
نه در جُستجوی ستاره‌ای،
نه به انتظارِ ماه
که به دنبالِ تو بودم
در سرزمینی دور و ناشناخته،
در آنجا که در سالیادِ کودکی گمشده
و آرزوهای رنگ‌باخته،
هر لحظه
در قلب‌ام
آزمونی بود.
در دفترِ مَفقودین
کوهی از نام
بر پُشته‌های کاغذ
تَلنبار می‌شد،
اما هرگز
گمشده‌ات را نمی‌یافتی.
می‌پرسیدی:
چرا سالهاست با این دَرد،
با این شُعله

سوخته‌ای،
چون آخرین شامِ بیماری پدرت؟
چرا می‌خواستی چون رود
به دریا بپیوندی؟
چه بود که بر قلب‌ات می‌کوبید؟
باز می‌پرسیدی:
در قصه‌ها
بر سایه‌ی پَهناورِ درَختِ پیر چه رفت؟
آی عشق،
چه دوردَست می‌نمودی.
آیا هَرگز دانستی
که سَرمای نَسیمِ صبحگاهی‌ات
آهِ من،
که گرمای آتشِ کلبه‌ات
تَبِ کالبدم،
و موجِ دریای روبروی پَنجره‌ات
خیزابِ اشک‌های من بود؟

■■■

نه!
این چراغ
نِمی‌بایست که می‌مُرد.

«شامِ دردهایِ بی‌پایان»

شامِ محدودیت‌هایِ زمان
شامِ زندگی‌ای بی‌نشان
شامِ وسوسه‌هایِ بی‌کران
شامِ ترس
از دیگران،
شامِ پندارهایِ ناتوان
شامِ شورمندی در رَوان
شامِ لایتناهیِ اِدمان
شامِ رنج‌هایِ روح و جان
شامِ فریادهایِ خیابان
شامِ بی‌قراری و عُصیان،
شامِ فریبِ مَدهوشان
شامِ مکتب‌فروشان
شامِ ساختارشکنان
شامِ بیهودگیِ سُخنان.

این روزها

دیگر اسیر آن من بیگانه نیستم
از خود چه عاشقانه برونم کشید و رفت

«روزها و شب‌های زندگی»

روزهای تجربه،
آشفتگی،
عشق و کار و زندگی،
دردها و یادها،
گم‌گشتگی

پنجره‌های نیمه‌باز،
نهایتِ آسمان در رنگی آبی
جوانه‌های گندم،
شقایق‌های سرخابی

ناتوانی پله
در نَفَس‌ها و اِنگاشت‌ها
انباشتِ ایده‌ها
در یادداشت‌ها
جستارها و چاره‌ها
در زبان و برداشت‌ها

تل‌نبار کتاب‌ها
در ذهن و روح و جان
ردیفِ گلدان‌ها
بر پلکان
تامل‌ها، شتاب‌ها
در روان

ترنمِ آواز در چشمانی ناز
نگاهِ زیبای دخترم، پر از راز
یادواره‌های من
از سفرهای دور و دراز

روزهای گفت و شنید،
تلاش و تمهید
با علی، ناصر، اسفند، باقر،
منصور و بهرخ، کامران و وحید

شب‌های گسست و اِتکا،
عشق و شادی در سانتامونیکا،
با آندریا، فرناز، ژینوس، نوشین،
ژانت و گوئندولین، لیزا و اریکا
خواهندگان شیفته
در جستجوی کام
خام‌شان پخته، پخته‌هایی خام

روزهای کوشش، نگارش،
برداشت و بساط
آوازِ بلبل‌ها
در حیاط
شام‌های عیش
شراب و مِهر و نشاط

هم‌آغوشی شبانه،
گاهی ملایم، گاهی به تگ
صدای راستینِ قلب
در هزارتوی عاطفه، مِهر و رگ

زیبارویانِ خواهان
با پیچیدگی‌های‌شان
دوستانِ مهربان
با نگرانی‌های‌شان
دانشجویان جوان
با کوله‌بارِ پرسش‌های‌شان

درکِ چشم‌اندازِ فردا در لحظاتِ کنون
جنونِ خِرَد،
خِرَدمندی جنون

شب‌های مِهر،
روزهای صبر، تامل و چاره،
بینشی شفاف،
تصاویری پاره‌پاره.

زندگی و لحظه‌ها یکدیگرند
شام و روزم جمله‌گی یک پیکرند
جمله آنمودارِ نقشی دیگرند.

"چون نه سر پیداست وصف‌اش را نه بُن
نیست لایق بیش از این گفتن سَخُن"[٥]

---

[٥] منطق‌الطیر عطار، حکایت سیمرغ

این روزها

«این همه»

این همه سَرو های تَبَرخورده
این همه مادرانِ آزرده،

این همه آدمک‌های جامه‌سیاه
این همه دل، برون و درون، جمله سیاه
این همه درد، این همه زجر، این همه اشک
این همه رفتارهای تباه
این همه نفرین، حِرص و حسد، آز و گناه
این همه آشوب
در گوهر و ذِهن و نگاه،

این همه زخم بر دهان
این همه سین جیم، شکنجه
این همه تیغ به ما آخته‌ات یعنی چه؟

این همه مویه، شِکوه، نوحه و عزا
این همه ترس از فنا
این همه بَند بر دست و به پا
این همه دشمنانِ دروغین برای بقا
این همه کمبودِ مِهر،
فقدانِ عشق،
نبودِ صفا.

"ای که گفتی جان بده تا باشدت آرام جان
جان به غم‌های‌اش سپردم نیست آرام‌ام هنوز"
حافظ

«تبعیدی‌ام در این جهان»

تبعیدی‌ام در این جهان،
غرق می‌شوم
دورتر از جاده‌ی زمان
در فضایی سنگین‌تر از بوی مردگان
میان دو بی‌نهایت
میان دریا و آسمان،
و فریبی است میان رنگ‌ها
در زردی آفتاب،
سرخی خون
آبی آسمان

گویی در لحظه‌ای
عجیب‌تر از زندگی
عمیق‌تر از مرگ
در چشمان‌ام
درختانی برهنه
شکوفه می‌زنند،
میوه می‌دهند
و دیگربار
برگ می‌ریزند در لحظه‌ای

در نفس، آوا و لمسی که
جان‌ام را می‌سوزانند

آشفته می‌گردم
به دنبال تخیل شاعران،
بینش پیامبران،
شناخت اندیشمندان

اگرچه
روح‌ام
از آدمی خسته است
چشمان‌ام
از خیرگی بر سیمای روز،
هنوز
سرزمینی دور را می‌جویم
جایی که سایه‌ی روزهای رفته،
هفته پس از هفته
از ذهن‌ام نرفته

تبعیدی‌ام در این جهان
تبعیدی‌ام،
کسی زبان جان‌ام را
تشویش روان‌ام را
نمی‌داند

«آه ای جوان»

آه ای جوان
ای رهگشای پرتوان
زنجیرهای ما را پاره خواهی کرد
افیون اذهان‌مان را خواهی کشت
توهم را خواهی کشت.

ای جوان ایرانی
گم‌گشتگی‌های نسل ما را مخوان،
نسل ما
نسلی سرگشته،
بی ارزش تر از سفالی شکسته بوده است،
ما را مخوان،
ما را بزرگ مشمار،
ما را مپذیر،
ایده‌های ما، نظرات ما را مپذیر.
ما نسلی خودپسند و
ریاکار و
خودخواه بوده‌ایم،
معمولا حساب‌گر و
جزم‌اندیش و
کاسبکار بوده‌ایم.

آه ای جوان ایرانی،
ای رهگشای پرتوان، ای باران بهاری،
شک مکن
نسل تو پیروز می‌شود،

پاسخگوی گمراهی و توهم نسل ما،
چاره‌جوی شکست دیروز می‌شود.

"درون سینه‌ام دردی‌ست خونبار
که همچون گریه می‌گیرد گلویم
غمی افتاده دردی گریه‌آلود
نمی‌دانم چه می‌خواهم بگویم"
الف. سایه

«این‌همه های‌وهوی بی‌ارزش»

این‌همه لرزش برای چیست؟
این‌همه هرزش،
های‌وهوی بی‌ارزش؟
این‌همه اِلتهاب در شب،
این‌همه تاب و تب،
تب و تاب،
زیادت‌خواهی و شتاب،
این‌همه کشتارِ بی‌حساب؟
این‌همه شیفتگی به پول،
به مال و منال،
این‌همه الدنگِ بی‌خیال
با جام‌هایی مالامال،
این‌همه کِبر
در جاه و جلال؟
این‌همه تقلیل‌گرایی، تعمیم‌های بی‌نهایت
این‌همه خودکامگی و شرارت،
این‌همه زورگویی به ضعیف، خشونت
این‌همه کوته‌نظری، بینش‌های کوتاه‌مدت؟
این‌همه بی‌مهری و جفا،
این‌همه دردهای بی‌دوا،
این‌همه حِرص بی‌انتها؟

این همه سرسپردگی بی‌پرسش
این همه تمکین و سکوت و کرنش؟
این همه گم‌گشتگی
در نگاه،
این همه اِنگاشت‌های گمراه،
این همه رفتارهای سیاه،
کردارهای تباه؟
این همه هرزش برای چیست؟
این همه های‌وهوی بی‌ارزش؟

«عبرت بگیر»

دوستِ دیرین، عِبرَت بگیر
از میلیاردها خطوط، که در نانوشته‌ها سپید می‌شوند،
از اینها که به پیش آمدند و آنها چه می‌شوند!
از مدادهای رنگی، هنگامیکه با پاک‌کن
وصلت نمی‌کنند
از همه عهدشکن‌ها
که یادم نمی‌کنند
از چروک‌های صورت، هنگامیکه در ۴۵ دقیقه آرایش
اِعانَت نمی‌کنند.

دوستِ دیرین، دست‌ام را بگیر
تو نیز
در آتش و تاریخ و گه و "عشق" و افسون
تعمید شده‌ای،
در غُسلِ جادوی عجوزه‌ی "تمکُن".

دوستِ دیرین، بخشوده‌ام بگیر
من نیز
مانندِ آموزگارانی دیگر،
به سادگی
تنها باری که توانِ بُردن‌اش نبود
به دیگری بخشیدم،
من نیز
مانندِ مردانی دیگر،
به سادگی
تنها خیالِ نقشی "خراب" به کارگاهِ دیده کشیدم،

چه دردها از آن "سرابِ نازپروریده" کشیدم.

دوستِ دیرین، نادیده‌ام بگیر
هنگامیکه به بیماری شکننده‌ی مردبارِگی‌اش می‌خندم
هنگامیکه هر پگاه به حرص و "بی‌چاره‌گی‌اش" می‌خندم
هنگامیکه به گربُزی یاوه‌گوی می‌خندم
هنگامیکه هر شامگاه به تعقنی "چاره‌جوی" می‌خندم
هنگامیکه به "خاموشی" و خروش‌اش،
به عدسی‌های رنگارنگِ دُروغ‌اش می‌خندم.

دوستِ دیرین، عِبرت بگیر....

«خستگی روشنفکری»

تابستان با دست‌ودلبازی‌ای تمام
افسارِ گرما را ول کرده بود
جاده‌ها غرقِ آفتاب بود
گاهی از زورِ فشار،
عرق از هفت‌چاک‌ام راه می‌افتاد

وسوسه‌ی بازگشت به خانه
دائم قلب‌ام را می‌فشرد
پوستِ تن‌ام را خیسِ عرق می‌کرد
اشتیاقی سوزان
که دیگر به صورتِ شکنجه درآمده بود
راستش به عمقِ خستگی رسیده بودم

در خانه، چیز غیرمنتظره‌ای در انتظارم بود
شاید هم دور از انتظار نبود
خانه‌ی ما مخروبه شده بود
جمعیت در پیاده‌روی جلوی خانه موج می‌زد
دو تا بشکه‌ی آشغال تمامِ سرسرا را به گند کشیده بود

از اتاق‌ام که رد می‌شدم مستاجر را شناختم،
پالوده‌فروشِ روبروی منزل،
اما جای کتاب‌ها و رادیو
و خیلی از اشیای ریز و درشتِ خودم خالی بود
جنابِ سرایدار حسابِ همه را رسیده بود،
منتهی
هنوز آنقدر انسانیت داشت

که بعضی چیزهای‌ام را که اصلا تو فکرش نبودم پس‌ام بدهد:
یک پیراهن (که اصلا یادم نبود)،
یک دوربین (که اصلا تصور نمی‌کردم داشته باشم)
و دو تا دفترچه (که در آنها یادها ضبط بودند)

اتاق پدری‌ام را مرتب کردم
اواسط شب صدای رگبارِ گلوله بود
از خواب پریدم
قلب‌ام مثل قلبِ گنجشک می‌زد
از رختخواب در نیامدم

این ماه
بی گفت‌وگو
سیاه‌ترین و دردناک‌ترین ماهِ عمرم بود

کوچه‌های پر ازدحام
ولی خالی از سکنه،
خیابانی که قبرستانِ خود شده بود
و جنازه‌هایی که جلوی در خانه‌ها پیدا می‌کردند
صف‌های بی‌انتها،
عجله‌ی مردمی
که انگار میانِ بدبختی مشترکِ خودشان لنگر انداخته‌اند
و مدام در صدد بودند سهمِ یکدیگر را بخورند

همه‌ی اینها...
همه‌ی اینها دست‌به‌دست هم می‌داد
تا نفرت از حال و روز و
از "انقلابی"ها را بیشتر کند
و دل‌تنگی مرا عمیق‌تر،

و دروغ باور بود
و گذشته‌گرایی
که تهوع "روشنفکری" زمانه بود،
و می‌اندیشیدم
که ای‌کاش
این شعورِ نکبت‌زده‌ی از پادرافتاده‌ی حیرت‌خورده
وجود نمی‌داشت
ای‌کاش
آن اشتهای سیری‌ناپذیرِ این وجودِ مهملی
که نامِ انسان روی‌اش بود وجود نمی‌داشت

عقّام می‌نشست
از روشنفکرِ "دینی و لائیک و ملی و چپ و راست"
و از وجودشان
که حقارت‌ها و بی‌آبرویی‌ها،
گذشته‌گرایی‌ها
و بدآموزی‌ها را بیشتر می‌کرد.

«هر آنچه هست»

آری،
در هر آنچه هست
در مرگ، مرگ و مرگ،
مرگِ صبح، مرگِ نیمروز، مرگِ شب
مرگِ اشک‌های عشق

مرگِ پاسخ در مِزاح
مرگِ پرسش‌های چشم‌براه
مرگِ پاسخ به هَراس
در جریانِ سَریعِ خون
مرگِ راستی
در لرزشی زَبون،
مرگِ آگاهی آدمی
در غرور، در جنون

مرگِ ژرفای دنیا
فراتر از فنا،
مرگِ جستار، مرگِ نسیان
بی‌صدا

مرگِ ارزش
در هَراس،
مرگِ شور، مرگِ خشم
در لرزش و تماس

مرگِ ترس
درگلوگاهِ دَرد

مرگِ درد
در شادی، در لبخند

مرگِ سرخ، مرگِ سَبز
در سال‌های پَست
مرگِ مرگ
در هر آنچه هست.

"جلوه‌ها کردم و نشناخت مرا اهل دلی"
رهی معیری

«در مغاک مکتب و پلاستیک»

دستان‌ات می‌خواهند جیغ بکشند
مجسمه‌ها هم به صدا درآمده‌اند.
در این سرا
راهی دیگر نمانده است.
می‌چکانی
خونِ سفیدِ روح‌ات را،
به درونِ آینه می‌روی
شاید بیابی به خواهش
بازتابِ آدمی را
در همایش
تصاویر را
در نمایش.

■■■

روبروی آینه
صورتک‌ها
بی‌اعتنا به گودال‌های کم‌عمق پرجنازه
سردرگم
چرخ می‌خورند.
ساطورهای کشتارگاه
گاه و ناگاه
تنه‌ی درخت را می‌برند
تا برای مکتب
منبر بسازند.

فرشته‌ای کوچك
با بال‌هایی در زنجیر
شلاق می‌خورد.
رهبران
در "راستی"
لنگ می‌زنند.
تالی‌رهبران
در "آشتی"
اغلب حرف‌هایی جفنگ می‌زنند.
کفش‌های جفت‌شده در تالار
پشتِ درهای بسته
آه می‌کشند.
چاقوهای چاله‌میدان
خفقان را
"پاسداری" می‌دهند،
سکوتی سیاه را
نذری می‌دهند.
طاقِ کهکشان
کوتاه‌تر می‌شود.
در اطاقِ ۵۷
ملکه‌ی وجاهت
بدنِ برهنه‌ی مردی را می‌بلعد،
سپس
خِشابِ تپانچه را می‌کشد
تیرِ خلاصی به شقیقه‌اش می‌زند
تا وجاهت
به زندگی جاودانه‌اش ادامه دهد.
ارفِئوس
تنها جسدِ تجاوزشده‌ی یوریدیس را
از خدایان

بازپس‌می‌گیرد.
سایه‌های مفتخرِ ستون‌هایی باستانی
رژه‌ی ناهنجاری نظامی را سان می‌بینند.
ونوس
در جستجوی دستِ بریده‌اش
یکنواختیِ کشنده‌ی سایه‌ها را می‌پذیرد.
اجسادِ مومیاییِ درباری
در قماری با بادِ غرب
به دنبالِ آسِ دل می‌گردند.
بادِ غرب
گرد بر اجسادِشان می‌پاشد،
بر دربارشان می‌شاشد.
روشنفکرانِ "متعهد"
در چرتیِ کنارِ آتش
"اینترنت‌بازی" را سراب می‌کنند،
"تظاهر به خواب" می‌کنند،
اغلب خراب می‌کنند.
تیغ‌زنِ مزغان‌چیان "مفتخر"
خوش‌سفر یا دربه‌در
در چس‌ناله‌ها سینه می‌زنند،
روضه می‌خوانند،
زنجیر می‌زنند.
در تماشاخانه‌ی اجتماع
آدم‌هایی بی‌چاره
غوطه‌ور در خفقانِ مصرف
سرشتی پلاستیکی دارند،
با دوربین‌هایی پلاستیکی
خاطراتِ پلاستیکی خود را
در "فِیس‌بوک"گردی
ضبط می‌کنند.

کودکان
در بازی
تمثال‌هایی دروغین را
با شادی
می‌شکنند.
زن‌های خیابانی
شرمسار بی‌بضاعتی
به شکسته‌تمثال‌ها
اِدرار می‌کنند.
شاعران
زیر آوار کابوس نقدها
مدفون می‌شوند.
آن‌سوی‌تر
در فقدان بینش
سوداگران اِغوا و اِغما
با اندیشه‌هایی خشك
قهرمانانی دروغین
با مِنشی مکتبی می‌تراشند،
با موعظه‌هاشان
زنجیر باور می‌بافند.
دیرباز دلالان و فروشندگان لاستیك
بر آستانه‌ی ۹۰ سالگی
درترس، اما شیك‌وپیك
پرستش پلاستیك می‌کنند.
در دنیایی مجازی،
در جهانی وارونه
انتخابات مشهود است:
"یا پلاستیك یا مکتب."
تاریکی دیگر تیره نیست،
با "رنگی" شگفت‌انگیز

اِستتاری "سپید" می‌شود.
"پژوهشگران و استادانِ" مجربِ دنیادیده
این "رنگ" را تحسین می‌کنند،
آن‌را می‌پسندند،
می‌پرسند:
"این "رنگ"
برای کدام آپارتمانِ چندین‌صدمتری‌مان
مناسب‌تر است؟"
می‌گویند:
"ای کاش می‌توانستیم
از نیچه و مالرو و راسل بپرسیم."
می‌گویند:
" "معمای هویدا"
کار ساده‌ای نبود،
اما "معمای رنگ"
بسیار مشکل است،
باید دقیق "رنگ" کرد،
به دقتِ فنیِ شلیکِ موشکی نظامی
به هواپیمایی مسافربری،
شاید دریدا و بودریار
یاری دهند."

■■■■

نورِ سافلِ وقاحت و انحطاط
آینه را کور می‌کند.

■■■■

بی‌هیچ دغدغه
آینه را ترک می‌کنی،
به کوه‌های تخیل پناه می‌بری
تا حجمِ قلب‌ات را فزون کنی
شاید که دردت کاهش یابد،

شاید که چاره در ژرفا را
آرامش دریا را
دریابی.

«آدمیت معیوب»

"همینت بسنده‌ست اگر بشنوی
که گر خار کاری، سمن ندروی"
سعدی

در بارگاهِ "خودی"
رنگی می‌پاشد
دیدِ تنگِ لجن‌بسته
دوده‌گرفته
بر نام‌های "پاک"
"نجیب" و "هاله‌گرفته".

گم می‌شود
کیهانِ بی‌حساب
در پرگویی و ادعاهای بی‌بخار
در رفتارهای پرجنجال
در حرف‌های گنده و لیچار.

تنگ‌چشم و بی‌حساب
افتاده
در کوره‌راه
درمانده
در ماندآبِ لجن‌گرفته‌ی تکرار
نقبی می‌زند آدمیتِ معیوب
به فرهنگ و عاطفه و ملت و تاریخ
در کِذب و در گسست
نه در استمرار.

این روزها

.

«ویترین‌های مقدس ضدگلوله»

در آوای مصلحت و نگاره‌ی فریب
پای می‌کوبند عروسکانِ شورمند.
محکومینِ پوچی
(این قربانیانِ بی‌عدالتی دنیا)
با اندوهی بی‌پایان
تنها تماشاگرانِ تکراری ابدی‌اند.

در دیگرسو
با شعفی بی‌مرز
وزوزِ مسرتِ حشراتی موذی‌ست
پشتِ ویترین‌های مقدسِ ضدگلوله.

آن‌سوی‌تر،
باری،
در فضایی خالی
در التقای تب و نفرت و عطش
ظهورِ یک سایه
کجره می‌کند خستگانی چند را
از سراشیبی گره‌ناک
به گودالی هولناک،
نه به فرجامِ زندگی
که به پایانِ امیدشان.

آنگاه
در نوری کم‌رنگ،
عروسکان، طالع‌بینان، رمالان و ساحران،

این کاسب‌های ناهمزمانی
شستشو می‌دهند
لکه‌های نیرنگ را.

فقط «زمستان است!»

شکوفه‌های نورَسته،
خسته، شکسته
از راه می‌رسیدند
هنگامیکه فرجامِ راه‌مان
به اندوه می‌انجامید.
گنگی ساعاتِ انتظار
مشتاقِ غم نبود،
در رویای پرواز گرفتار بود.

دشنه‌های باور، چاقوهای "ایمان،" قمه‌های مکتب
دزدانه می‌نگریستند از پَسِ پَستو،
سویه می‌دادند
آدمی را به کوره‌راه
و پندارهای ساده را
به دنبالِ اَشباح.

"ستاره‌هایی" دروغین
در هَمهَمه‌ی چاقو و قمه و دشنه
کم‌سو،
مرده، باری در شهوَتِ "قدرت" تشنه
توهمِ قفسِ طلایی‌شان را
در سوگِ "برادر بزرگ،"
با تصویرِ "پرنده‌ی برابری"
می‌کردند آغشته،
و روی دیوارها
با خون

روی کاغذهایی
گلگون
می‌نوشتند
در باور و جنون:
فقط "زمستان است !"

«پرسشی دائمی»

پرسشی دائمی در وجودت می‌ریزد.

عَطشِ واهیِ دَرك
غروری پیش از سُقوط را می‌مانَد،
و گواهِ هولناكِ تنهاییست
فریادِ شك.

شرایطِ خاکی‌ات
رهایی را محدود می‌کند،
نه می‌توانی پَر بزنی
نه خود را به آتش بزنی.

طرح می‌زَنَد همه‌چیز را
جهانی با برنامه:
مُخَدرات و اُلگوی لباس را،
طرح‌های سیاسی،
نقشه‌ی خانه،
طرح پارچه،
بَدَن‌ها و صورت‌ها را.

توَهُمِ وفور می‌دَهَد
نمونه‌ی قلابیِ همه‌چیز،
توَهمِ قدرت
دسترسی به نشان‌های امتیاز.

همه‌چیز به فروش می‌رسَد،

همه‌چیز:
این عُصاره،
شکمِ گاو و کثافتِ مُستراح،
مغز گربه‌ای که دیگر مَسحورِ ماهی‌ها نیست،
اِدرارِ میمون،
حِسِ آدمیان،
تیغ جوجه‌تیغی،
قَطراتِ باران،
بشکه‌ی زنگ‌زده‌ای که در آن کثافات جمع می‌شود،
چَسبِ مایع خشک‌شده،
کفِ دهانِ سگ‌های هار،
خشونتِ بی‌دلیل،
ترسِ مرگ،
شیرِ گرگ،
زهرِ مار،
تجربه‌ی سَفَر،
و اینِ عُصاره که تو را می‌سازَد.

پرسشی دائمی در وجودت می‌ریزد:
«این چه نمایشی‌ست از آدمی،
بی‌هیچ آدمی؟»

«ما»

ما، نورِ چَشمِ پدر،
ما، نَفَسِ مادریم،
ما
یارِ بَرادر، دوستِ خواهریم،
ما
آهِ بی‌نوایان،
شوقِ توانمندان‌ایم،
ما، روحِ زمان،
رهایی آدمیان‌ایم!
ما آدمخواران
جَبرِ دولتمردان‌ایم!
ما
صندوق‌خانه‌ی گِل‌ولای‌ایم!
مجمع‌الجَزایرِ تنهایی،
امتدادِ آسمانی سیاه‌ایم!
وَسوَسه‌های شیطانی،
دزدانِ مکتبی تباه‌ایم!
ما، "دانشمندانِ فیس‌بوک گردِ" آسایشگاه‌ایم!
"کنشگران" اینترنتی آرامگاه‌ایم!
ما، افسانه‌های دیرین،
چشم‌اندازِ سبزِ کاه‌ایم!
ما، خوشآمدِ فراموشی،
دوستانِ نیمه‌راه‌ایم!

ما، آنبارهای جَسَد ایم!
تلنباری از حَسَد ایم!

ما، کابوسِ خیرخواهی‌ایم،
اقیانوسِ بیدارخوابی‌ایم،
فنجان‌های آگاهی‌ایم،
قصه‌گوهای روستایی‌ایم،
سپیدیِ پاکِ پارسایی‌ایم!

ما، نیکوکاران‌ایم،
عَمدگرایان‌ایم،
ملاصِفَتان،
معتادان، پهلوانان‌ایم،
روسپیان، زن‌باره‌گان‌ایم،
ما آدم‌کشان،
فرزندانِ فرهنگِ زورچپانان‌ایم!

ما، رویای دیرینِ پدربزرگ‌ایم!
دعای دوشینِ مادربزرگ‌ایم!

«جلوه‌ها کردم و نشناخت مرا اهل دلی»
رهی معیری

«اقدامی شاید»

رنگ و بوی ملاقات،
نجوای اراده‌ای
نشسته در اتاقی آرام
ثبت‌شده در مکانی گمنام،
نگاره‌ای از گل‌های مارگریتِ خیس‌شده
که الگوی‌شان خیالی است،
لرزش شاخه‌ای
بر زمینه‌ی آسمانِ تیره
و پرواز پرنده‌ها
در چارچوبِ پنجره‌های رو به ابدیت،
سادگی اتاق
و احساسِ خلأ
که کتاب‌ها ایجاد می‌کنند،
دری که به سوی تنهایی
و برفِ قرون گشاده مانده است
برفی که من
با حرکتی از خستگی، از ماندگی
گویی خود را با آن می‌پوشانم.

می‌گویم: «"تجدد" این بود؟
تنگ‌نظری،
عدمِ درکِ آتیه،
جمود برابرِ نبوغ، گذشته‌گرایی

حقارتِ فکر، حقارتِ روح، حقارتِ قلب؟!
فکرِ رفتن و ترکِ ترک
دقایقی پس از سقوطِ آدمی و ریزش برگ؟!
جنگل‌های بی‌دهکده‌سانده
از "مهاجرت‌های سِترگ"؟!»

می‌گوید: «باید پرسید از واقع‌گرایانی که از واقعیت بی‌خبرند
آرمان چیست؟
می‌خواهیم زمان‌مکانی نو بسازیم؟
یا حدیثِ گذشته بسازیم،
بسوزیم و بسازیم؟»

می‌گویم: «آرمان این نیست؟
آگاهی به جای جهالت؟
تبدیل شکست به پیروزی، تبدیل تیرگی به روشنی.
شرافت به جای خیانت؟
تبدیل کمبود به وفور، تبدیل ارتجاع به آتیه‌نگری. »

می‌گوید: «در واژگونی‌ای عظیم،
تنها چیزِ با ارزش،
به حساب‌آمدنی،
وجودِ کسانی است که بیاندیشند
به آهنگِ دِهشتناکِ ثانیه،
به آتیه،
که اراده کنند، که اقدام کنند...
نه اراده‌ای
برای گرفتنِ انتقامی از ناکامی‌های جوانی
که گویی خود را با آن می‌پوشانند،
بلکه به پنداری نیک، به اراده‌ای
به رفتاری نیک، به اقدامی... »

"نردبان این جهان ما و منی‌ست
عاقبت این نردبان افتادنی‌ست
لاجرم آن کس که بالاتر نشست
استخوان‌اش سخت‌تر خواهد شکست"
فردوسی

«صندلی‌های ناآرام»

می‌نگرم
به حرص آدمی
در شام‌های غارت،
به تباهی سنگین وی
در آز پول یا قدرت،
به تمایل‌اش به اضمحلال
(از لب‌های عشق تا به دندان‌های نفرت)
در لحظاتِ تکبر و نگاه‌های نخوت
یا که در لکنتِ لرزان گام‌ها
در روزهای نکبت،
به پوسیدگی کلمات
بر دهان‌هایی بی‌پرسش
در نظرهایی بی‌ارزش،
به ارتعاش واژه
در سنگینی قیل‌وقال،
در باورهایی محال،
به پوچی رشک‌ها و حسادت
در خودکامگی و شرارت
در زمانه‌ی جنایت و جفا و خیانت،
دشواری‌ها و کثافت.

سپس می‌اندیشم
به چاره
در ژرفای کار،
یا در عمقِ تلاش و زحمت،
به قناعت
در سایه‌روشنِ مشوّش اتاق‌ام
با صندلی‌های ناآرام‌اش که پیر می‌شوند،
و به هویت
تا که در سطوحِ ساده‌ی حضور
در بن‌بستِ غرور
یا که در تله‌های آگاهی
اسیر نشوم.

«گاه‌سَنج شِنی»

زَمانه
دُرونِ گاه‌سَنج
فریاد می‌کشد.

سَرایداری کودن
با سِه شوربختی:
کوری،
کَری
و هَمسَری
با زیباترین زنِ دنیا،
در سَرای خانه
لاف می‌زند،
قُمپُز می‌دهد،
صدای فریاد را
نمی‌شنود.

در سَراچه،
درختِ خودکامه‌گی
با شاخه‌های بیمار و پیچ‌درپیچ،
از ریشه‌های بی‌عدالتی
تغذیه می‌کند.

در حوضخانه،
ماری خوش خط و خال
بَدَنِ برهنه‌ی مُجسمِه‌ی زنی زیبا را
آنچُنان

هَوَس‌انگیز می‌فِشرد،
که آب از دهان‌اش
فواره می‌زند.

در سایه‌ی سُتون‌های اِیوان
ویرانِه‌های باستانی
تکرار می‌شوند،
دَردی کُهنه
به مَرتبِه‌ی بالای فَخر
ارتقا می‌یابد!

تنِه‌ی درخت را
پیچکِ‌های حِرص و حَسَد
به نحوی کامل
می‌پوشانند.

میوه‌های خودکُشی
و دیگرکُشی
در لابلای نیمی از شاخه‌ها
برق می‌زنند
و دیگر شاخه‌های خُشك و پیرِ درخت
تنها تعبیرِ خوابی
کابوس‌وارند.

هیهات
که در قَلمِستان‌های دور و نزدیك
نورَسته‌گان
با حَسرَت و وَلَع،
این درخت را
تقدیس می‌کنند!

بر آن
دخیل می‌بندند!

و تو
در سُکوتی که هَمهَمه‌ی افکارت
راهِ خواب را بسته است،
تنها
به گاه‌سَنجِ شِنی
می‌نِگری.

این روزها

«بگو که شاعر بود»

بگو که او رفت.
بگو نمی‌دانستی تو را دوست داشت،
بگو درد می‌کشید.
بگو نمی‌دانست قلب‌ات را می‌شکند،
بگو دل‌اش به انتظار، خراب بود،
بگو عذاب می‌کشید.
بگو که دیر مانده بود، به انتظارِ مرهم‌ها.
بگو در آسمان پرنده‌ای ندید،
بگو پرنده شد.
بگو که شاعر بود
و شاعران، بی‌قرار می‌شوند.
بگو که بی‌گمان و بی‌قرار،
رهروِ شعر بود و شور بود و مِهر بود.
بگو، در گفتن ماند،
دیر ماند و بی‌واژه ماند.
بگو که شاعر بود
و رفت.

«فروشِ هستی»

می‌پیچد در دشتی سوت و کور
وَهمی نزدیك و دور
از زوزه‌ی شغال‌ها.
هوم‌هومِ نابهنگامِ جغدهاست
میانِ فرسوده‌خِشت‌ها،
شِکاف‌ها،
می‌چَرخَد در خرابه‌ها،
ویرانه‌ها،
نَفیرِ بادها.
شیاری می‌اندازَد
سکوتِ فضا را
قیقاجِ کلاغی،
پنداری می‌سازَد
در گستره‌ی ذهن
سودا و تباهی.
رنجی می‌بَرَد، جانِ آدمی
در حِسی غریب
آبستنِ خیالی،
موجی می‌زَنَد
ترسی عجیب
یا لرزِ زوالی.

همه‌چیز به فروش می‌رسَد:
نقشِ ستارگان، آرزوهای کودکان،
گرمای زمین، آب و آسمان،
هر ساحلِ ماسه‌ای، هر روشنی،
زیباترینِ بیشه‌ها، اِبلیس و آدَمی.

بازنگری به مقوله‌ی هنر

فریدریش شیلر (۱۸۰۵-۱۷۵۹) ادای سهم عظیمی در بنیانگزاری سنتِ آموزش زیباشناسی و نقدِ هنری داشته است. اغلب بسیاری از مکاتبِ فکری نیز ریشه‌های نظری خود را در افکار **شیلر** دارند.[۶] حتی به جرات می‌توان اذعان داشت که اندیشه‌های **شیلر** پیرامون آموزش زیباشناسی به انسان در حوزه‌ی هنر، اغلب تاثیر خود را به حوزه‌ی فلسفه و حوزه‌ی علم نیز گذاشته است . تاثیری که ریشه در آن تعریفِ ویژه‌ی **شیلر** دارد که "هنر را محصول بی‌تابی و بی‌قراری آدمی در جستجوی توازن و تعادل می‌داند." البته به باور **شیلر**، این تعادل توازنی همواره بی‌ثبات[۷] بین سه عنصر " مِهر و پندار و خیال" می‌باشد.

شیلر با استناد به نوشته‌های **لئوناردو داوینچی** در موردِ **میکل آنژ**، اشاره می‌کند که **میکل آنژ** در جایی به **داوینچی** گفته است که همه‌ی هنرها در طیفی بین "افزایش و کاهش" قرار می‌گیرند. بدین معنی که به باور **میکل آنژ**، ما در یك

---

۶ برای آشنایی با نظریات **شیلر** ، رجوع کنید به " پیرامون آموزش زیباشناسی به انسان "

Friedrich Schiller , Der Asthetischer Erziehung der Mensch

و ترجمه‌ی انگلیسی

Friedrich Schiller , On the Aesthetic Education of Man " in a Series of Letters.

Editted and translated by Elizabeth M.Wilkinson and L.A.Willougby. Oxford, Clarendon Press , ۱۹٦۷.

۷ Im instabil gleichgewichtzustand

سوی این طیف با هنرِ پیکرتراشی روبرو هستیم که در آن پیکرتراش با استفاده از یك ابزارِ ساده (اِسکِنه) سنگ را می‌تراشد و کاهش می‌دهد و کاهش می‌دهد، تا هنرمند آن نقشِ ذهنی‌ای که در درونِ سنگ دیده است را بیآفریند. در سوی دیگرِ طیفِ هنر، ما با نقاشی روبرو هستیم که در آن هنرمند با استفاده از یك وسیله‌ی ساده‌ی دیگر (مداد، قلم یا قلم‌مو) خطی بر خطی و رنگی بر رنگی را، بر بومی می‌افزاید و می‌افزاید تا تصویری که نقاش در ذهن دارد، به نقش بکشد.
به باور **شیلر**، بقیه‌ی هنرها در بینِ این دو قطبِ طیفِ "افزایش و کاهش" قرار می‌گیرند و هرچه در حوزه‌ی هنر به مرکزِ این طیف نزدیك‌تر می‌شویم، اَغلب ابزارِ موردِ استفاده‌ی هنرمند از اشکالِ ساده و زمخت، به ابزاری ظریف‌تر، تکامل‌یافته‌تر و پیچیده‌تر تبدیل می‌شوند.[۸]

۸

پیرامون تاثیر اندیشه‌های **شیلر** بر اندیشمندان بزرگ ، نکات ذیل قابل توجه است :

یوهان ولفگانگ گوته (*Goethe*) در سال ۱۷۹٤ (یازده سال پیش از مرگ **شیلر**) با وی دوست شد وخود نوشته است که دوره‌ی شکفتگی ذوق هنری و ادبی خود را مدیون افکار و راهنمایی‌های **شیلر** می‌باشد. بهترین و مشهورترین کارهای **گوته** محصول این سال‌هاست و به نوشته‌ی **گوته** ویراستار تمام آن شاهکارها، **شیلر** بوده است و **گوته** هیچ کار هنری خود را بدون ویرایش وی (در آن سال‌ها) منتشر نکرده است.

گئورگ ویلهلم فریدریش هگل(*Hegel*) فیلسوف مشهور آلمانی، شاگرد **شیلر** بود و ریشه‌ی نظریه‌ی خود را که بر این باور است که " هستی بر اصل تضاد قائم است" مدیون **شیلر** می‌داند و بطور مستقیم در کتاب‌های خود " نمود شناسی ذهن ۱۸۰۷ " ، "علم منطق ۱۸۱۶-۱۸۱۲"، "دائرهَ المعارف علمی – فلسفی ۱۸۱۷" و "اصول فلسفه‌ی حق ۱۸۲۱" به نظریات **شیلر** استناد می‌کند و آنچه وی تز، آنتی‌تز و سنتز می‌نامد (این سه اصل را مرحوم فروغی در "سیرحکمت" بترتیب به نام‌های برنهاده، برابرنهاده، همنهاده آورده است) برگرفته از برداشت‌های **شیلر** است.

کارل مارکس (Marx) شاگرد **هگل** بود و از نظریه‌ی تضاد قائم وی (که متاثر از **شیلر** بود) در شکل‌دهی افکار و عقاید خود استفاده کرده است . **مارکس** در مجموعه‌ی کارهای خود می‌نویسد که "**شیلر** پیامبر جنبش نوین فکری زمانه بوده است." ر.ك به صفحه‌ی ۲۹۱ در

Marx, Karl. collected Works " New York. International Publishers , ۱۹۷۵.

همچنین ر.ك به :

Karl Marx and World Literature " Oxford , Clarendon Press. ۱۹۷٦.

مارکس همچنین در گروندریسه، در آنجا که پیرامون زندگی و فرهنگ یونان باستان می‌نویسد، نظرات خود را مدیون **شیلر** و شاگرد **شیلر، وینکلمان** (Winklemann) که کتاب "تاریخ زندگی کهن" را نوشته بود می‌داند.

ر.ك به :

"Grundrisse " , Translated by Martin Nicolaus , Hammondworth Pelican Press , ۱۹۷۳.

فریدریش نیچه (Nietzsche) فیلسوف آلمانی نیز، در کتاب خود "انسان، به تمامی انسان" در آنجا که به باورهای خود پیرامون "جان و روان هنرمند و نویسنده" می‌پردازد، مستقیماً از **شیلر** و سپس از **گوته** استفاده می‌کند. ر. كه به ص ۱۰٦-۸۰.

Friedrich Nietzsche . "Human , All Too Human " Translated by R.J.Hollingdale , Cambridge University Press , ۱۹۸٦.

ماکس وبر (Weber) هم اندیشه‌های علمی خود را متاثر از باورهای **شیلر** می‌داند.

۹۹

اگر این طیفِ هنری (بین دو قطبِ پیکرتراشی در یك سو و نقاشی در سویی دیگر) را به یك ترازوی هنری تشبیه کنیم، بقیه‌ی هنرها هردو عنصر "افزایش و کاهش" را باهم و همزمان در خود دارند و می‌توان اذعان داشت که پایه‌ی این ترازوی هنری را موسیقی تشکیل می‌دهد. ستونی که اساس ترازوست و روی آن پایه استوار شده است را می‌توان عکاسی و سینما (در دنیای مدرن) و همچنین ادبیات (از دوران کهن) شمرد، و به جرأت می‌توان گفت که شاهین این ترازوی هنری مسلماً شعر است زیرا که ظریف‌ترین، تکامل‌یافته‌ترین و پیچیده‌ترین ابزار ارتباطی – بیانی ممکن بشری را؛ یعنی این زبان پویا و دینامیك، زنده و دائم التغییر را بعنوان ابزار کار هنری موردِ استفاده قرار می‌دهد. البته این ابزار تکامل‌یافته، در هنر شعر ظریف‌ترین لرزش‌ها را دارد و تعادل‌اش در آن لحظه های آفرینش شعر دائم در نوسان است، در لکنت است، بی‌ثبات است، راست می شود و کاست می‌شود، می‌افزاید و می‌کاهد، می‌کاهد و می‌افزاید و در لرزش و لکنتِ خویش، رنگ می‌زند و آهنگ می‌زند و نگاره‌پردازی می‌کند. به بیان مولانا:

هم ترازو را ترازو راست کرد　　　　هم ترازو را ترازو کاست کرد

پیشتر گفته شد که **شیلر** باور داشت که هنر محصول بی‌تابی انسان در لحظاتِ جستجوی آدمی برای توازن و تعادل است. او بر این باور بود که این تعادل، توازنی همواره بی‌ثبات بین سه عنصر عاطفه، اندیشه و تخیل (مهر و پندار و خیال) می‌باشد.[۹]

۹

ر. ك به ص ٤٥-٤٠

Baxandall, Lee and Morawski, Stefan. " On Literature and Art " , New York , International General ١٩٧٤.

همچنین ر.ك به ص ٧٢-٣٢

پس می‌توان تاکیدِ مجدد کرد که به باور **شیلر**، هنر:

- محصول لحظه یا لحظات است.
- نتیجه‌ی بی‌تابی و بی‌قراری انسان می‌باشد.
- و این بی‌تابی و بی‌قراری، در جستجوی آدمی برای توازن بین سه عنصر مِهر و پندار و خیال[10] توضیح داده می‌شود. توازنی بی‌ثبات که از ارتباطِ ارگانیک و درونی این سه عنصر حاصل می‌شود.

اکنون باید دید که **شیلر** در موردِ این سه عنصر چه می‌گوید.

۱. عنصر مهر

شیلر می‌گوید که مِهر "**انگیزه‌ی حسی آدمی**" برای جوابگویی به نیازهای کالبد است. به باور او، هدفِ این انگیزه لمس زندگی‌ست. مهر خود را به هستی پرتاب می‌کند، تا ببوید و ببیند و بنیوشد، بچشد و لمس کند. به قول مولانا:

هر طرف کِی دل هدایت کردشان   می‌رود هر پنج حس دامن‌کشان

O'Malley, Joseph. " Critique of Hagel's Philosophy of Right " , Cambridge University Press. ۱۹۷۰.

مرحوم اخوان ثالث، در جایی هنر را "محصول بی‌تابی انسان، در لحظات ظهور شعور نبوت" می‌نامد. البته معلوم نیست که ایشان با نظریات **شیلر** آشنا بوده‌اند یا خیر و می‌توان تعریف ایشان را فرم ایرانی شده‌ی (مذهبی شده) دریافتی ویژه از نظریات ادیبان پیشین دانست .

۱۰

Hogarth, Robin, M. Educating Intuition. Chicago, The University of Chicago Press, ۲۰۰۱.

بنا بر برداشتِ **شیلر**، گویی که مِهر دل به دریای زندگی می‌زند که آن را حس کند، بیان کند و به نمایش بگذارد.

۲. عنصر پندار

به باور **شیلر**، این عنصر "**انگیزه‌ی شکل دهنده و قالب‌ریزی است**" که از عقل و شعور و خِرد و منطق و تدبیرِ آدمی فرمان می‌گیرد. به باور وی، هدفِ این انگیزه ایجادِ ساخت و شکل و قالب و طبقه‌بندی‌ست تا بتواند هستی را و تناقضات و مجاز و ناز و نیازِ انگیزه‌ی نخستین (مهر) را توضیح دهد. باز به بیانِ مولوی:

گه تناقض، گاه ناز و گه نیاز گاه سودای حقیقت، گه مجاز

گویی که عنصرِ پندار می‌خواهد خود را از عنصرِ مهر رها سازد. باز به قولِ مولوی:

تا از این طوفانِ بیداری و هوش وارهیدی آن ضمیر چشم و گوش

اگر آن عنصرِ نخستین (مِهر) خود را آزادانه به هستی پرتاب می‌کند تا آن را حس کند، بیان کند و به نمایش بگذارد، عنصرِ دوم (پندار) هستی را به قالِب می‌کشد، طبقه‌بندی می‌کند تا آن را توضیح دهد.

به باورِ **شیلر**، این دو انگیزه همواره با هم درتضاد هستند و انگیزه یا عنصرِ سومی (عنصر خیال) هست که در روان و جانِ آدمی مداخله و میانجی‌گری می‌کند تا آن دو انگیزه‌ی دیگر را با یکدیگر توازن بخشد و هماهنگ سازد[۱۱].

آزمودم عقل دور اندیش را بعد از این دیوانه سازم خویش را

---

[۱۱] آشکارا می‌توان دید که **هگل** با استفاده از اندیشه‌های **شیلر** نظریه ی خود را بنیان گذاشته است و دکترین "**تز، آنتی تز و سنتز**" وی، برگرفته از ریشه‌های فکری **شیلر** و از آموزش‌های وی می‌باشد

۳. عنصر خیال

شیلر، این عنصر را "**انگیزه‌ی بازیگوش خیال**" می‌نامد و براین باور است که هدفِ این انگیزه آفرینش زیبایی‌ست که اغلب تنها در لحظاتی متوازن، اما بی‌ثبات پدید می‌آید تا در روانِ آدمی، ایجادِ هماهنگی یا ایجادِ میزان یا تعادل کند و جهان و هستی را در توازن به نمایش بگذارد و بیان کند. باز به قولِ مولوی:

نیست‌وش باشد خیال اندر روان   تو جهانی بر خیالی بین روان

به باورِ **شیلر**، هنر اغلب در لحظاتِ بی‌قراری و بی‌تابی آدمی در جستجوی توازن و تعادلی (همواره بی‌ثبات[۱۲]) از این سه انگیزه‌ی مهر و پندار و خیال آفریده می‌شود و هرچه فرازای پندار و اندیشه بلندتر باشد، و ژرفای مهر و عاطفه عمیق‌تر، عنصرِ خیال در روان و جان آدمی، برای ایجادِ هماهنگی یا ایجادِ تعادل یا توازن، اغلب به افق‌های بی‌کرانه‌تری می‌رود و البته پهنای کرانه‌های خیالِ بشری بی‌پایان است.

با چنین دیدگاهی، **شیلر** براین باور است که می‌توان اذعان داشت که هنرمندی هم که بازتابِ جهان و هستی را، و اعتراض به شرایطِ نکبت بارِ انسان زمانه‌ی خویش را اغلب در هنرهای‌اش نمی‌توان شنید و مشاهده کرد،

۱۲

مقوله‌ی مورد استفاده در آلمانی " *Im instabil gleichgewichtzustand* " یا در انگلیسی

" *In an unstable equilibrium* " می‌باشد که می‌توان به " توازن بی‌ثبات " ترجمه کرد.

لوئی آلتوسر ، **نیکوس پولانتزاس** و بقیه ساختارگرایان هم؛ از این مقوله که از **شیلر** رسیده در افکار خود استفاده کرده‌اند.

لمس کرد، بویید و چشید و حس کرد، آغلب فرازای پنداری کوتاه و عاطفه ای کم‌عمق و البته آغلب پهنای کرانه‌ی خیالی کوتاه و افق بینشی کوتاه دارد.

برعکس برخی هنرهای جاودانه نیز، در لحظاتِ بی‌ثباتِ توازنِ بینِ بالاترین پندارها، ژرف‌ترین مِهرها و پهناورترین کرانه‌های خیال آفریده شده و آغلب **فرازمان** می‌شوند و می‌مانند.

"بشدی و دل ببردی و به دست غم سپردی   شب و روز در خیالی و ندانمت کجایی"

سعدی

«مردِ بی‌سر»

شعری از زنده‌یاد نصرت رحمانی

یک روز
یک روز
آن روزی که عطرِ لادنِ پیر
می‌میرد آرام
بر بسترِ گلدانِ چینی
شاید بیایی، شاید ببینی

یک شام
یک شام
آن شامی که بادِ مست
سنگِ ابر را
کوبد به روی شیشه‌ی ماه
سر می‌گذارم روی کاشی‌های درگاه
آنگاه
با تیزی ناخن‌های یک تیغ شکسته
حلقومِ خود را می‌درم تا شهوتِ درد
ماسد به روی لثه‌های پنجه‌هایم
شاید بیایی و ببینی
خونی به روی جای پایی دلمه بسته

آنگاه
می‌پیچم به انگشتانِ سردم
موی سیاهِ پیچ‌درپیچ سرم را
آرام، بی‌تشویش، بی‌شور
در انتهای یک شبِ کور
می‌بندم آن سر را به چفتِ سردرِ دروازه‌ی شهر

تا بادها بوسند لب‌های ترم را

آنگاه آزاد
پا می‌نهم در راهِ بی‌فرجامِ هستی
ناخن به پای ساقه‌ی لذات می‌کوبم
دانم به مردِ بی‌سری سنگی نخواهد گفت: مستی
دانم کسی از آدمِ بی‌سر نخواهد نام و ننگی

یک روز،
یک روز
گم می‌شوم در عطرِ گرمِ آفتابِ راهِ پرگرد
دیگر صدایی از پسِ قفلِ دو دندانی نگوید:
مرد
برگرد
برگرد
برگرد

یک شام،
یک شام
می‌بوسم آخر پرعطش لب‌های گمنامی خود را
می‌یابم آخر شهرِ بی‌نامی خود را

یک روز یا یک شب
ندانم خوب و دانم
آخِرِ سرِ هستی ز تن خواهم بریدن
از بندتان ای دلقکان خواهم رهیدن
بر چشمه‌ی دیوانگی خواهم رسیدن
خواهم رسیدن
یک روز
یک شب

عشق، از خودخواهی‌ها و خودپرستی‌ها گذشتن است

From the photo collection of R. Rakhshani, Cover Photo by:
"Boris Kupershmidt"
Cover Art by Foaad Farah
ISBN: ۱-۴۶۳۶-۶۱۸۴-۷
*EAN-*۱۳ ۹۷۸-۱-۴۶۳-۶۶۱-۸۴۷
Printed On Demand in the United States of America by CreateSpace. July ۲۰۱۲

وزها

CW00863095

These Days

R. Rakhshani

http://www.usc.edu/dept/ise/directory/raymond_rakhshani.htm

Photo by *"Boris Kupershmidt"*
Cover Art by Foaad Farah
ISBN: ۱-٤۷۷٦-۸٥۲۱-۹
*EAN-*۱۳ ۹۷۸-۱-٤۷۷-۷۸٥-۲۱۱
Printed On Demand in the United States of America by CreateSpace. July ۲۰۱۲